फूल

संध्या राव

चित्र अशोक राजगोपालन

Tulika

Phool (Hindi)

ISBN 978-81-8146-489-7

First published in India 2009
Tenth reprint, 2026

Originally in English
Hindi by Sandhya Rao

Published by
Tulika Publishers, 305 Manickam Avenue, TTK Road, Alwarpet, Chennai 600 018, India
email reachus@tulikabooks.com *website* www.tulikabooks.com

Printed and bound by
Abi Printers, Chennai, India

तम तम तम्बी को एक फूल मिला।

उसने कहा “ओह!”
और उसे उठाया।

वह लाल रंग का था।

उसने कहा "आह!"

तम्बी ने फूल को सूँघा।
उसने कहा "म्म्म्म!"

पर उसने देखा नहीं...

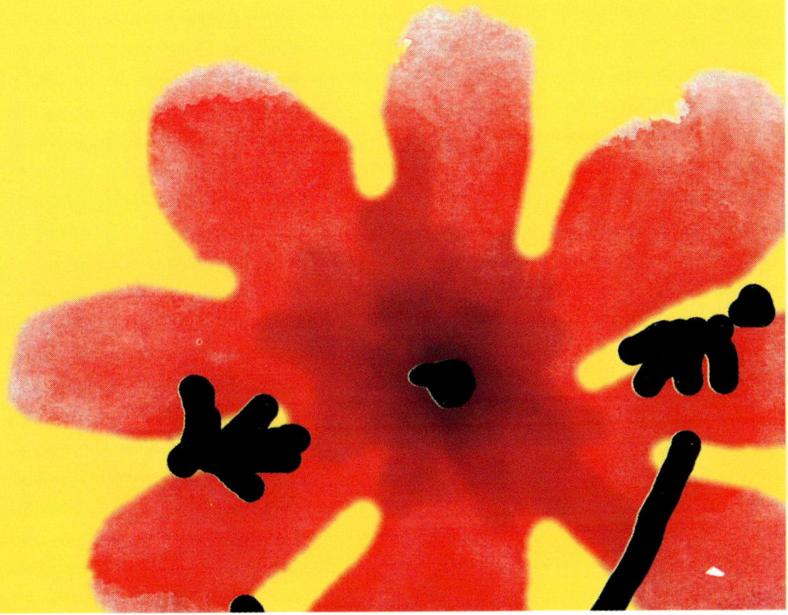

एक मधुमक्खी वहाँ थी।

"आाऽऽऽऽऽऽऽ...!" तम्बी ने कहा।

"छूऽऽऽऽऽऽऽ!" तम्बी ने कहा।

वह छींकता गया, छींकता गया।

और मधुमक्खी उड़ गई!

ज़ज़ज़ज़ज़ज़ज़्! ज़ज़ज़ज़ज़ज़ज़ज़ज़ज़ज़ज़ज़ज़्!

कहानी खत्म। चलो, चित्र बनाएँ।

हाथी की छींक हाााााच्छूऽऽऽऽऽऽऽऽऽऽऽऽ!

पन्ने पर अपने अंगूठे का छाप लगाकर चित्र बनाओ।

मेरी छींक आ...छू...!

मुझे यह किताब पढ़नी आती है!